Frauen ansprechen

\-

Besiege Deine Ansprechangst und erobere das Herz Deiner Traumfrau

Inhaltsverzeichnis:

Einleitung

Nichts scheint den meisten Männern mehr Angst zu machen...
Tag für Tag begegnen ihnen unzählige Chancen aber viele
bleiben dennoch ungenutzt.

Das Ansprechen von fremden Frauen war auch für mich am
Anfang eine echte Herausforderung. Es verlange so viel Mut von
mir ab, dass ich im darauf folgenden Gespräch immer anfangen
musste zu zittern.

Zum Glück habe ich Möglichkeiten und Strategien entdeckt, wie
man die Angst überwinden kann. Mit der Zeit wurde ich, und das
wirst auch Du, immer selbstsicherer im Umgang mit Frauen und
vordergründig mit dem Ansprechen, auch approachen genannt,
werden.

Da so viele Männer unter dieser Ansprechangst leiden, habe ich
dieses Buch geschrieben. Diese Angst soll ein für allemal
schlagbar gemacht werden. Eines vorweg, wenn Du denkst, dass
man die Angst komplett los wird, muss ich Dich enttäuschen. Ich
kann Dir aber zeigen was es heißt, die Angst anzunehmen, sie zu
genießen und in Energie umzuwandeln.

Ich werde Dir in diesem Buch erklären, warum diese Angst so
tief in den Männerherzen verwurzelt ist und wie Du deine
Komfortzone auf lustige Weise verlassen kannst.

Wenn Du ein Freund von Herausforderungen bist (so wie Barney
Stinson aus „How I met your mother", wirst Du die 30 Tage-
Approach Challenge sehr zu schätzen wissen, die ich in dieses
Buch für dich gepackt habe. Mit den kleinen Aufgaben, die Dir
jeden Tag gestellt werden, machst Du das Ansprechen von
Frauen sehr schnell zur Routine und Du wirst dich gar nicht
mehr vor dem Ansturm von Frauen retten können.

Einen Hinweis hätte ich noch. Das Ansprechen an sich kann ich dir leider nicht abnehmen. Jeder Mann muss selbst den Mut dafür aufbringen können.

Die ersten Male werden vielleicht etwas knifflig, mit ein wenig Übung kommt man aber schnell aus der Schmerz-Phase heraus und ein Gefühl der Vertrautheit stellt sich ein.

Wenn Du also die Tipps in diesem Buch nicht wirklich nutzt oder eigenen Erfahrungen machst, wird Dir dieses Buch nichts nützen.

1. Kapitel: Warum muss den Mann den ersten Schritt machen?

In der heutigen Zeit wird immer wieder das Thema Gleichberechtigung. Das gilt vor allem für den Bereich der Partnerschaft und der Geschlechterrollen. Emanzipation wird heute großgeschrieben und Feministinnen stürmen mit nacktem Oberkörper die Straßen.

In Sachen Gleichbehandlung hat sich schon vieles getan, aber vor allem wenn es um das Thema des ersten Schrittes zwischen Mann und Frau geht, ist alles sehr konservativ geblieben. Ausnahmen bestätigen hier nur die Regel.

Der Traum vieler Männer dürfte wohl sein, dass sie irgendwann die „Richtige" treffen. Sie denken dass schon irgendwann ihre Traumfrau auf der Straße vor ihnen steht und es diesen magischen Moment des Blicke-Kreuzens gibt, welcher ihr Leben für immer verändert. Diese Männer sind allerdings nur am abwarten und überlassen ihre Verantwortung höheren Mächten. Sie sehen nicht ein, dass sie allein diese höhere Macht sind, die alles auf einmal verändern könnte. Meistens ist dieses Schicksals-Gedusele nur eine Ausrede um nicht den Mut aufbringen zu müssen die Interaktion einzuleiten. Dazu aber später mehr.

Die Chance, dass eine Frau einen Mann mitten auf der Straße anspricht um mit ihm zu flirten, ist extrem gering. Meistens haben sie selbst nicht den Mut dazu, obwohl gerade ihr Traumprinz an ihnen vorbei gelaufen ist. Das kommt vor allem daher, dass die Bürde des Ansprechens, laut unseren Werten, immer noch bei den Männern liegt. Allerdings gibt es noch einen zweiten Grund welcher meiner Meinung nach in der heutigen Zeit völlig überholt ist: Wahrscheinlich jede Frau die auf einen Mann zugeht und eher ihre Zuneigung gesteht als er, wird als „Schlampe" abgestempelt. Das ist natürlich nicht immer so, aber die meisten Möchtegern Machos die eine Frau zu leicht bekommen werfen mit dem „Schlampen-Begriff" um sich wie ein wild gewordener Affe dem seine Banane weggenommen wurde. Selbst Eltern achten darauf, dass ihre Töchter ordentlich erzogen werden und beharren dabei noch auf konservativen Ansichten, überspitzt ausgedrückt, von einer „jungfräulichen Hochzeit". Die Männer die wirklich Erfolg bei Frauen haben wissen, dass freizügige Frauen einfach nur in Harmonie mit ihrer Sexualität sind und sie ausleben. Diese Männer sind vollkommen im reinen mit sich und mit ihrem Körper und verurteilen keine Frau weil Sie mit mehreren Typen etwas am Laufen hat.

Leider besitzen die meisten Männer solch eine verurteilende Stimme, weshalb der Begriff der Schlampe so stark im Hinterkopf jeder Frau steckt, dass sie jeder Situation aus dem Weg gehen die solch eine Bezeichnung für sie übrig hätte. Ich bin sogar zu der Behauptung gekommen, dass viele Beziehungen, welche auf der sexuellen Basis beruhen, nur entstanden sind, weil alles andere als eine Beziehung zu der Schlussfolgerung des Schlampen Begriffs geführt hätte.

Die Aufgabe des Ansprechens fällt also definitiv in den Schoß der Männer, was viele Vorteile mit sich bringt welche die vermeintlichen Nachteile fast vollständig ausradieren.

1. Während der Mann der nur auf seine Prinzessin wartet, nur eine Chance hat oder zumindest ein sehr kleines Feld von möglichen Partnern, hat der Mann der jede beliebige Frau auf der Straße ansprechen kann die volle Auswahl. So kann er sich nicht nur die hübschesten und klügsten herauspicken, sondern hat auch im persönlichen Umgang mit ihnen mehr Erfahrung. Er wirkt allgemein selbstsicherer und weiß was er zu tun hat wenn er eine schöne Frau auf der Straße sieht und begehrt.

2. Der mutige Mann kommt ständig aus seiner Komfortzone heraus und packt jede Gelegenheit bei den Stiefeln.

3. Der mutige Mann hat eine viel größere Chance die Frau seiner Träume zu finden. Er kennt so viele Frauen, dass er genau weiß was er sucht. Wer ein konkretes Ziel hat, findet auch den Weg.

4. Der mutige Mann hebt sich von anderen Männern ab die zu schüchtern sind um eine Frau auf der Straße anzusprechen. Das macht auf jeden Fall enormen Eindruck und die Frau sieht gleich, dass sie es mit einem echten Mann zu tun hat.

5. Der mutige Mann weiß, dass jede Interaktion mit einer Frau nur ein Zugewinn an Erfahrung bedeutet, egal wie die Konversation verläuft und ob man die Frau wieder sieht. Er fokussiert sich nicht auf das Ergebnis sondern sieht die Erfahrung als Erfolg an.

2. Kapitel: Die Entmystifizierung der Frau

Vor allem Männer haben immer wieder diese limitierenden Gedanken im Kopf:

„Ich sehe nicht gut genug für sie aus." „Vielleicht hat sie einen Freund." „Vielleicht ist sie lesbisch." „Ich spiele nicht in ihrer Liga." „Sie hat es wahrscheinlich gerade eilig." „Vielleicht sieht mir jemand zu und macht sich über mich lustig!"

Diese Glaubenssätze werden als Ausrede genutzt, um die Frau dann doch nicht anzusprechen. Auch werden durch solche Glaubensmuster die Frauen auf ein Podest gestellt. Sie vermitteln Minderwertigkeitskomplexe die einfach nie anziehend auf Frauen wirken. Man macht sich mit solchen Gedanken nur nervös und verfällt der Unsicherheit.

In diesem Kapitel soll es darum gehen, diese negativen Glaubenssätze auszulöschen und durch neue ermunternde zu ersetzen. Die Frau soll vom Podest gehoben, und die realen Bedingungen analysiert werden.

Die Ausgangssituation

Der Mensch ist von Grund auf ein soziales Lebewesen. Wenn wir nur ein wenig offener wären würden wir, statt mit unseren Handys herumzulaufen, mit anderen fremden Menschen versuchen ins Gespräch zu kommen. Ich bin mir sicher jeder von uns trägt solch eine extrovertiert Seite in sich. Bei den meisten wurde sie nur durch Erziehung uns unsere Normen der Schüchternheit abtrainiert.

Generell gilt: Frauen sowie Männer sind immer an neuen netten Bekanntschaften interessiert. Ebenso sind beide Geschlechter gleich interessiert an Sex, obwohl der männlichen Seite hier ein Überschuss zugesagt wird. Das liegt aber auch nur daran, dass eine Frau die zu ihrer Sexualität steht, schnell als Schlampe abgestempelt wird (Was im Übrigen völliger Unsinn ist).

Schlussfolgernd sehen wir, dass es keinen Grund dafür gibt, dass ein Mann eine Frau auf der Straße nicht ansprechen kann. Jede Ausrede wäre reine Spekulation und entspricht nicht der Realität. Selbst wenn Sie gerade am Telefon ist, kann man sie noch ansprechen!

Die Frau vom Podest heben

Von Anfang an sollten beide Gesprächspartner auf derselben Ebene stehen, wenn ein Mann eine fremde Frau anspricht. Viele Männer ordnen sich der Frau aber unter und nehmen eine anbiedernde Stellung ein. Frauen spüren diese Unsicherheit und verlieren schnell das Interesse am Gegenüber. Hier die Top-Gründe warum Männer das tun und wie Mann die negativen Glaubenssätze ausradiert.

#1: Besonders wenn die Frau sehr hübsch ist, kommen bei manchen Männern Minderwertigkeitsgefühle auf. Sie vergleichen die Äußerlichkeiten regelrecht und rücken sich so in ein schlechtes Licht.

Am Anfang will ich Dich beruhigen. Vor allem bei Frauen ist das Aussehen des Mannes eher unwichtig. Natürlich sollte man ein gepflegtes Äußeres haben, allerdings zählt der Charakter viel mehr und das ist nicht nur so dahin gesagt.

Vergleiche Dich am besten nie im Aussehen mit anderen. Das ist nicht nur oberflächlich, sondern bringt dich auch kein Stück weiter. Wir alle sind so, wie wir sind perfekt. Allerdings sollten wir es nicht versäumen, das Beste aus dem heraus zu holen, was uns gegeben wurde. Akzeptiere Deinen Zustand so wie er ist und arbeite an Dir und deinem Charakter. Schönheit gibt es an jeder Straßenecke. Allerdings gibt es einen schönen Charakter nur selten. Behandle also jede Frau gleich, egal ob hässlich oder schön. Meistens ist dies auch eine subjektive Bewertung des Einzelnen.

#2: Manche Frauen wirken am anfangs meist ein wenig zickig und so könnte man glauben, dass sie arrogant sind. Meistens versucht Dich die Frau mit dieser Art nur zu „testen". Reagierst Du auch angepisst wenn Du einer echten Zicke begegnest oder bleibst Du auch dann noch freundlich und gelassen. Sie wollen einfach damit prüfen ob Du auch ein cooler Typ bist.

3. Kapitel: Soziale Ängste ablegen

Das was uns am meisten an dem erfolgreichen Ansprechen von Frauen oder generell an anderen Menschen hindert, sind die sozialen Ängste. Wenn man diese überwunden hat eröffnen sich einem auf einmal unendliche Möglichkeiten der persönlichen Entfaltung. Man macht seine Stimmung und Meinung nicht mehr von anderen Abhängig und kann damit seine eigenen Regeln erschaffen.

Soziale Ängste sind ein Erfolgshemmer auf ganzer Linie, da sie uns einen Schleier vor die Realität schieben und uns andere negative Sichtweisen und Bewertungskriterien für uns selbst aufzwingen. In diesem Kapitel soll es darum gehen wie wir dieses sozialen Ängste (Besonders beim Ansprechen und Kennenlernen von Frauen) loswerden können.

Der Ursprung des Erfolgshemmers

Um die sozialen Ängste abzulegen, müssen wir verstehen woher sie eigentlich kommen. Das lernt man zwar schon unterschwellig in der Schule im Ethikunterricht, ich will es dir aber hier noch einmal vorkauen.

Als Baby waren wir noch so unschuldig und unangetastet von jeglichen äußeren Einflüssen auf unsere Psyche. Wenn wir alle mit dem eigenen Bewertungsbogen eines Kleinkindes durch die Welt gehen würden, wären wir Angstfrei und in jeglicher Hinsicht ungehemmt und neugierig. Erst als wir groß wurden, vermittelten uns unsere Eltern die ersten Verhaltensregeln. Als Junge durftest du dich nie mit den anderen Jungs am Sandkasten streiten und rumbalgen, durftest nie zu laut sein. Unsere Eltern haben einen großen Teil unserer sozialen Ängste induziert. Viele sind wichtig, alle anderen aber nutzlos, wenn wir über uns selbst hinaus wachsen wollen.

Ebenso hat uns die Gesellschaft mit voranschreitendem Alter geprägt: Vor allem unser direktes soziales Umfeld. In der Gruppe mit Freunden zusammen durfte sich niemand hervortun und einmal mehr wagen als der anderen, außer es ging um sinnlose Wettstreite wie Mutproben, die nur dem Ego dienten.

Zu guter Letzt, haben uns auch die Gesetze und Normen der allgemeinen Gesellschaft geprägt und uns jegliche Chance auf Individualität genommen. Vor allem in der Schule geht Individualität verloren. Aber das ist ein anderes Thema...

Emotionale und logische Ängste

Um unsere sozialen Ängste loszuwerden, müssen wir verstehen, dass sie meist emotional bedingt sind. Vielleicht haben wir schon einmal eine negative Erfahrung mit einer Sache gemacht, waren danach innerlich zerrissen, und projizieren nun diesen emotionalen Zustand auf unsere Erwartungshaltung. Da der emotionale Zustand damals schlecht war, wird er auch heute schlecht sein und wir assoziieren mit der Handlung negative Gedanken und Gefühle, obwohl das nichts mit Logik zu tun hat.

Emotionen werden vor allem von unserem Ego erstellt um unsere Umwelt besser zu erfahren. Sie überlagern meistens die logischen Schlüsse in unserem Kopf und lassen uns blind für die Realität werden. Unsere Aufgabe besteht darin, diese emotionalen Gedanken vor dem Ansprechen gar nicht erst aufkommen zu lassen.

Referenzerlebnisse löschen

Das letzte Beispiel befasste sich unter anderem mit den negativen Referenzerlebnissen. Wenn wir logisch über diese nachdenken, wird uns klar, dass es Erlebnisse aus der Vergangenheit sind. Egal ob diese Vergangenheit erst vor einer Minute oder einem Jahr passiert ist...

Was ich dir damit klar machen will ist: Konzentriere dich auf das Hier und Jetzt. Akzeptiere und lösche diese negativen, lähmenden Referenzerlebnisse! Du bist heute ein anderer und kannst deine Gegenwart und Zukunft selbst bestimmen.

Den Kick des Adrenalin genießen

Hier ein Tipp für die ganz spirituellen unter euch: Genieße den Kick!

Vor allem vor dem Ansprechen von neuen Leuten bekommt man meist einen flauen Magen. Dieses Gefühl, wenn das Adrenalin durch deine Adern schießt und dich fast zum zittern bringt. Du hast 2 Möglichkeiten damit umzugehen, denn selbst Profis im Ansprechen hübscher Frauen bekommen diesen Adrenalinkick:

1. Du lässt dich von deinen Hormonen lähmen, und sprichst die Frau deiner Träume nicht an. Du ergibst dich deiner Angst und deiner wahren Person.

2. Du genießt den Augenblick, indem Du weißt, dass Du sie ansprechen wirst. Du tust es, und gibst dich dem Gefühl der Aufregung und Intensität hin, welches über dich hinwegfegt. Du verwandelst diese Woge in positive Energie lernst so einen neuen Menschen kennen. Du fühlst dich lebendiger denn je zuvor, denn du weißt, dass du in diesem Augenblick wahrlich lebst.

Du weißt außerdem, dass nur die lebenswerten Sachen einen in diese Form der Ekstase versetzen können!

Deine Entscheidung...

Ablehnung wertschätzen

Ja es wird sie geben. Ablehnung ist etwas, was wir nicht verhindern können, wenn wir wirklich leben. Selbst den größten Aufreißern passiert das mal. Niemand ist perfekt und hat immer Erfolg.

Eine Sache die ich von meinem Mentor gelernt habe ist folgende: Du musst deine Bewertungskriterien für den Erfolg grundlegend ändern.

Negative sowie positive Ergebnisse und Ereignisse haben eine Sache gemeinsam: Sie sind in deinen Erfahrungen verankert. Sie machen den Menschen aus, der Du heute bist. Genau Sie haben dich dazu geführt dieses Buch zu lesen. Erfahrungen täuschen uns aber wenn wir sie in gut und schlecht einteilen. Eine Erfahrung an sich ist der Erfolg den jeder im Leben hat.

Die Erfahrung des Ansprechens macht hier schon den Erfolg aus. Sobald Du jemand neues angesprochen hast, hast du bereits die Erfahrung gemacht. Jeder weitere Verlauf des Gespräches ist nur nettes Beiwerk. Mit dieser Einstellung nimmst Du dir und auch der Frau den Druck.

Erfolgreiche Menschen unterscheiden sich von anderen Menschen nicht in dem was sie erreicht haben. Sie unterscheiden sich in der Hinsicht wie viele Erfahrungen sie bisher gemacht haben. Vor allem vermeintlich negative gehören dazu, weil sie aus ihren Fehlern gelernt haben und den Prozess und die Entwicklung an sich und ihren Fähigkeiten wertschätzen. Das nennt man Leben.

Das Aufwärmen

Wenn Du schon den ganzen Tag Zuhause warst und noch nicht in dem sozialen Mode bist, gibt es einige Tricks dich in diesen hineinzuversetzen.

1. Gehe eine lange Shoppingmall lang und klatsche mit deinen Händen so laut Du kannst. Diese Übung ist gut um deine Komfortzone zu verlassen und sie bewirkt sogar noch mehr: Vor allem wenn Du ständig über andere Leute nachdenkst, die Dich beim Ansprechen von hübschen Frauen beobachten, wirst Du schnell bei der Übung feststellen das alle Leute in ihrer eigenen Welt gefangen sind. Natürlich werden Dich viele beim klatschen angucken. Sie werden ihre Köpfe aber ebenso schnell wieder senken.

2. Wenn Du mit deinem Wingman unterwegs bist, könnt ihr auch ein lustiges Aufwärmspiel spielen. Du kennst es sicherlich unter dem Namen „Wenn ich Du wäre,…"
Dieses Spiel bringt dich in eine gute Laune und Du wirst gleich unter einen positiven Druck gestellt.

3. Eine nette Übung ist es auch verschiedene, ehrlich gemeinte Komplimente an Passanten zu verteilen. Du kannst dir damit selbst beweisen, dass es OK ist wenn Du andere Leute auf der Straße ansprichst und ihnen damit nur eine schöne Zeit außerhalb ihrer Norm schenkst.

Es gibt natürlich noch mehr von diesen Tricks. Sehe meine Vorschläge am besten als Inspiration und verwende eigene. Sie sollten dich außerhalb der Grenzen deiner Komfortzone bringen und dir selbst Spaß machen!

Die harte Tour

Wenn Dich deine Emotionalität trotz dieser logischen Schlüsse noch davon abhält, dein Leben in die eigene Hand zu nehmen, habe ich da was für Dich: Die 30-Tage Challenge!

Um dich für deine Ängste ein wenig zu desensibilisieren, solltest Du diese Challenge ausprobieren.

Für 30-Tage wirst Du jeden Tag 2 fremde attraktive Frauen ansprechen. Du holst dir damit die volle Dröhnung an Referenzerlebnissen und wirst am Ende der Challenge nicht einmal wissen, warum du jemals Angst hattest. Damit Du es auch wirklich durchziehst, sage einem deiner besten Freunde Bescheid und gib ihm eine wirklich hohe Summe Geld die, wenn Du sie an ihn verlieren würdest, Dir sehr weh tun würde. Das sorgt für den inneren Druck den Du dir, für Veränderungen jeder Art im Leben, aufbauen solltest.

Das wichtige ist: Es müssen Frauen sein, die DU attraktiv findest und welche du gerne kennenlernen willst. Das Resultat des Gespräches ist für dich aber in keinem Fall wichtig. Wenn Du sie nur ansprichst, Sie gleich weiter muss, ihr beide ein nettes Gespräch hattet, Du ihre Nummer bekommst oder Du sie sogar mit nach Hause nimmst. Es ist völlig egal. Bei dieser Challenge geht es um das verlieren deiner Ansprechangst.

Ich arbeite sogar gerade an einem kostenlosen Produkt, in welchem Dir 30 Tage lang kleine Aufgaben zum Ansprechen von Frauen gestellt werden. Die Aufgaben werden dabei jeden Tag schwerer und immer kühner. Etwas für die wagemutigen!

Ich halte dich auf meiner **Facebookseite** und meinem **Blog** auf dem Laufenden!

4. Kapitel: Der erste Schritt – Das Ansprechen

Die erste Frage die die meisten sich vor dem Ansprechen stellen ist: Was zum Teufel soll ich sagen. Diese Frage kann man zum Glück leicht beantworten, sogar noch leichter als man sie stellen kann.

Im Grunde bleiben dir 2 Optionen: Die direkte Methode oder die indirekte. Beide haben ihre vor und Nachteile und ihre Gemeinsamkeiten.

Bei beiden Methoden solltest Du einfach sagen, was dir gerade durch den Kopf geht. Es gibt kein richtig oder falsch. Manchmal kommt es zu sehr ungewöhnlichen Situationen in denen man die Frau anspricht. Das beste Beispiel dafür dürfte ein Bus oder die U-Bahn sein in denen es sehr voll werden kann. Gehe davon aus, dass der Versuch die Frau anzusprechen nicht immer der gewöhnlichste ist. Genieße die ungewöhnlichen Situationen stattdessen und bleibe cool.

Beachte beim Ansprechen am helllichten Tag vor allem das Frauen darauf nicht unbedingt vorbereitet sind angesprochen zu werden. Manche reagieren mit einer Art automatischen Firewall-Antwort wie: „Ich will nichts kaufen!". Mache der Frau bewusst, dass Du niemand bist der sie gezwungener maßen anspricht und gestehe die Seltsamkeit der Situation. So nimmst Du ihr wieder den Druck, indem Du Verständnis für ihre Situation zeigst und damit soziale Intelligenz beweist. Dann kannst mit dem Gespräch fortfahren.

Die direkte Methode

Bei der direkten Methode machst Du der Frau sofort bewusst dass Du Interesse an ihr hast. Meistens sind es Komplimente welche aber ein wenig anders sind als das übliche „Ich finde Dich hübsch."

Du gibst der Frau also ein Kompliment, welches Du ehrlich meinst und wofür Du sie wirklich interessant findest.

Ein Beispiel dafür wäre: „Ich mag deinen Style." Oder „Dein Schal passt perfekt zu deiner Haarfarbe". Du hast ja keine Ahnung wie wirksam solche Komplimente sind. Frauen verbringen gefühlt Stunden damit sich zum „Aus dem Haus gehen" fertig zu machen.

Die indirekte Methode

Bei der indirekten Methode versuchst Du über eine natürliche Situation in das Gespräch einzusteigen. Alles was zur Situation passt kann angewendet werden. Wenn Du einen bestimmten Film gerade im Kopf hast, kannst Du die Frau zum Beispiel fragen ob Sie ihn schon einmal gesehen hat, und wie er war. Es gibt millionen Möglichkeiten.

5. Kapitel: Vertrauen und sexuelle Spannung im Gespräch aufbauen

Empathie zeigen

Im vorigen Kapitel habe ich Dir schon geschildert wie Du der Frau den Druck des Ansprechens nimmst. Achte vor allem darauf, Empathie für ihre Situation zu zeigen. Damit verhinderst Du, dass sie Dich für einen seltsamen Typen hält. Ein unheimlicher Typ würde niemals merken, dass er unheimlich rüber kommt, also gib der Frau ein kleines Statement, damit Sie weiß, dass Du nicht so gruselig wie „Jack the Ripper" bist.

Schon alleine dadurch schaffst Du eine erste Vertrauensbasis.

Cold Reading

Eine Standard Technik von „Pickup-Artists" ist es, nach dem Ansprechen „cold reading" zu betreiben. Damit versuchst Du das, was du gesagt hast um die Frau anzusprechen, mit ihrem Charakter zu verbinden. Natürlich auf eine positive spielerische Weise und vor allem so, dass die Frau dir Recht geben muss.

Wenn Du ihr zum Beispiel ein Kompliment zu ihrer selbstbewussten Gangart machst könntest Du daraus schließen, dass sie ein sehr offener und selbstbewusster Mensch ist, den alle Leute mögen und der schnell viele Freunde finden kann.

Mit Cold Reading schaffst Du sofort Vertrauen und suggerierst der Frau, dass Du sie schon ein wenig kennst.

Körpersprache

Du weißt sicherlich, dass du nicht nur durch deinen Mund kommunizierst. Die meiste Kommunikation läuft nämlich unter der Oberfläche ab. Hier ein paar Tipps zu Deiner Körpersprache beim Ansprechen der Frau und im Gespräch.

1. Augenkontakt

Beim Ansprechen der Frau willst Du ihr natürlich suggerieren, dass Du sehr Selbstbewusst bist. Eine wichtige Rolle spielen dabei deine Augen. Wir Menschen können vieles an unserer Körpersprache faken, allerdings nicht unsere Augenexpressionen. Versuche nicht zu starren, sondern ihr ruhig in die Augen zu schauen.

Schüchterne Typen scheuen sich vor dem Augenkontakt und das merkt die Frau sehr schnell. Nicht nur Selbstbewusstsein wird durch den intensiven Augenkontakt erzeugt, er führt auch zu einer gewissen sexuellen Spannung in der Frau.

2. Mitlaufen

Vor allem wenn Du eine Frau auf der Straße ansprichst, ist es nicht unwahrscheinlich dass sie ein Ziel hat. Viele Typen würden wahrscheinlich versuchen Sie vom gehen abzuhalten oder ihr hinterher laufen. Allerdings ist nichts davon ein wahres Alpha-Mann-Verhalten.

Wenn die Frau nach dem Ansprechen weiterlaufen will, musst Du natürlich versuchen ihr zu folgen. Allerdings machst Du dass auf eine Art und Weise in welcher die Rollenverhältnisse vertauscht werden. Du läufst einfach ein paar Schritte vor ihr. Das suggeriert der Frau das sie Dir folgt und nicht umgekehrt.

3. Position der Überlegenheit

Das vorangegangene ist schon ein gutes Beispiel einer Position der Überlegenheit. Du willst im Gespräch versuchen eine Körperhaltung der Entspannung einnehmen, bei welcher es so aussieht, als würde die Frau Dich ansprechen.

Vor allem wenn Du in einer Bar eine Frau ansprichst, solltest Du zuerst seitlich neben ihr sitzen und sie nur über die Schulter ansprechen. Falls sie eine positive Reaktion zeigt, drehe dich ein wenig mehr zu ihr und öffne dich ihr körperlich. So suggerierst du mit deiner Körperhaltung positives Interesse als eine Art Belohnung für offenes Verhalten von Seiten der Frau. Im Gespräch kannst Du dann versuchen dich der Frau gegenüber in die Position der Überlegenheit zu bringen.

Auf der Straße ist es wiederum wichtig, dass Du dich frontal vor die Frau stellst wenn ihr ein Gespräch am Platz führt. Das signalisiert das Du genau weißt was du willst und strahl somit sehr viel Selbstvertrauen aus.

Themen über die Du mit der Frau sprechen solltest

Vielleicht hast Du (genau wie ich es hatte) manchmal das Gefühl, dass Du nicht richtig weißt worüber Du im Gespräch reden sollst. Die Antwort ist sehr simpel und ich will dir hier so wenig wie möglich Vorgaben machen.

Rede über deine Passionen. Ein Freund von mir kann zum Beispiel gefühlt Stunden und Tage über das Thema Videospiele reden. Jede Passion die Du hast ist ok, selbst die Passionen welche als besonders „Nerdy" angesehen werden. Ich persönlich habe immer 3 meiner größten Passionen im Hinterkopf über die ich sprechen kann.

Es gibt nur ein paar Regeln wenn Du über deine Passionen redest:

1. Male Bilder in ihrem Kopf.
2. Bringe Klänge in ihren Kopf.
3. Rede über deine Gefühle.

Wenn Du deine Passionen mit diesen 3 Regeln ausschmückst, wird sich die Frau automatisch für diese Passionen ebenfalls interessieren, da Du genau auf dem gleichen emotionalen Level wie sie kommunizierst. Frauen reagieren sehr viel mehr auf Emotionale Begebenheiten, im Gegensatz zu uns Männern die mehr auf einer logischen Basis kommunizieren. Das leitet uns auch schon zum nächsten Punkt in diesem Kapitel.

Vibing

Vibing bedeutet eine bestimmte Stimmung oder auch Emotion im Gespräch zu erzeugen. Es geht einher mit dem Interviewmodus den wir führen, um unseren Gegenüber mehr kennen zu lernen und damit Vertrauen zu schaffen. Vibing ist für das Schaffen der sexuellen Spannung zuständig. Frauen assoziieren Sex immer mit Emotionen und so können auch nur Emotionen eine sexuelle Spannung bei ihnen hervorrufen.

Im Gespräch ist es sehr wichtig einen guten Ausgleich zwischen diesem Interviewmodus und Vibing zu finden.

Eine Folge von zu viel Vibing ist, dass es so aussieht als wärst Du ein Clown. Niemand schläft gerne mit einem Clown und es kommt auch keine Vertrauensbasis im Gespräch zu Stande. Durch zu viel Vibing wirst Du für die Frau nur zu einem surrealen Objekt welches ihre Emotionen ein wenig anheizt. Ein Zeichen für zu viel Vibing sind Aussagen wie: „Bist du betrunken?" oder „Ich weiß nicht, was bei dir ernst ist und was nicht."

Wenn diese Sätze von der Frau kommen ist es wieder Zeit in den Interviewmodus zu wechseln.

Der Interviewmodus wird von vielen Typen zu stark benutzt. Das sind die üblichen Sachen wie: „Wie heißt du?" „Wie alt bist du?" usw. Zu viel Interviewfragen führen dazu, dass sich die Frau gelangweilt fühlt und schnell eine Ablenkung sucht. Zeichen für zu viele Interviewfragen sind zum Beispiel: Wenn Sie den Augenkontakt unterbricht und nur noch in der Gegend herum guckt oder sie nicht mehr so engagiert an der Unterhaltung teilnimmt.

Wie Du wieder emotionale Spannung schaffst zeige ich Dir jetzt:

Beim Vibing gibt es 2 verschiedene Emotionen. Positive Vibes und negative Vibes.
Beispiele für positive Vibes sind: „Ich liebe...!" „Ich mag es wie du ... (persönlicher Bezug auf die Frau)!" Im Grunde sind es positive Reaktionen und Äußerungen auf ihr gesagtes.

Beispiele für negative Vibes sind: „Ich hasse ...!" oder neckende Kommentare / Fragen die das Ego der Frau treffen, wie: „Bist Du Kellnerin?" oder „Sind das da Crocs an deinen Füßen?"

Ich will Dir hier nicht allzu viel vorgeben da Du dich nicht auf bestimmte Vibes versteifen solltest. Die besten Vibes sind die, welche natürlich und spontan kommen.

Qualifikationen

Frauen mögen Herausforderungen. Indem du kleine Bedingungen oder kleine Zweifel im Gespräch gegenüber ihr stellst, fühlt es sich für die Frau an, als würde sie Dich „jagen" und dich damit verdienen. Sie muss sich also für Dich qualifizieren...

Sätze wie: „Ich bin mir nicht sicher über dich..." „Ich kann dich nicht richtig einschätzen..." sind tolle Beispiele für Zweifel.

Bedingungen wie: „Nur wenn Du cool bist..." oder „Nur wenn dich mein Goldfisch mag..." sind sehr lustige Beispiele für Bedingungen bei welchen sich die Frau qualifizieren muss. Dabei können diese Bedingungen auch total absurd sein (Ich hab nicht mal einen Goldfisch). Es geht einfach nur darum, dass sich die Frau qualifizieren muss.

6. Kapitel: Die Telefonnummer der Frau „bekommen"

Um der Frau und im Endeffekt Dir Selbst keinen Druck zu machen, solltest Du ohne Erwartungshaltung an das Gespräch heran gehen. Wenn die Interaktion allerdings gut verlaufen ist und Du sie auch persönlich sympathisch findest, ist es auch ein guter Bonus wenn Du ihre Nummer bekommst.

Das Wort bekommen steht in der Überschrift in den Anführungszeichen weil Deine Grundhaltung dazu nicht daraus bestehen darf, dass Du die Nummer der Frau nimmst oder „stiehlst" wie es in der heutigen Gesellschaft gerne dargestellt wird.

Es empfiehlt sich dieses Mindset auch in der Wortwahl auszudrücken. Ich habe 2 Methoden besonders gut und als sehr effektiv empfunden.

1. Die Qualifikation
Ein Trick aus der alten Pickup-Schule ist es, dass Du es so darstellst als müsse sich die Frau für die Nummer qualifizieren. Dies kommuniziert man natürlich sehr subtil und unter der Oberfläche. Das ganze sorgt dafür, dass sich die Frau den Nummerntausch „verdienen" muss.

Beispiel: „Ich finde dich echt sympathisch. Wenn du beim schreiben auch so cool drauf bist wie jetzt, kannst du mir gerne deine Nummer geben."

2. Der Nummerntausch

Um von dem ganzen Mindset des „Nummer klauen" weg zu kommen ist es wichtig stattdessen einen Nummerntausch zu kommunizieren. „Du bist cool, lass uns mal Nummern tauschen." ist ein Satz welcher gleich ein Wir-Gefühl und damit Vertrauen und Nähe suggeriert. Man macht den Akt des Nummerntausches zu einer gemeinsamen Sache.

Wann soll man die Nummern austauschen?

Die Frage die sich letztendlich noch stellt ist die nach dem perfekten Zeitpunkt des Nummerntausches. Dieser sollte nicht zu früh sein, aber auch nicht am Ende oder als Endpunkt der Interaktion.

Am besten ist es, wenn schon ein gewisses Vertrauen und eine Sympathie zwischen Dir uns der Frau bestehen. Wenn Du dich mit ihr gerade ungefähr in der Mitte des Gespräches befindest und Du sie mit einem positiven Vibe in eine gute Stimmung gebracht hast, ist die Wahrscheinlichkeit am größten, dass sie dem Nummerntausch zustimmt. Du kannst auch den Nummerntausch zu einem sehr großen und bedeutendem Ereignis machen, indem Du ihn ein wenig zeitlich streckst und sie nochmal als Qualifikation nach deinem Namen fragst.

Sorge einfach dafür, dass Du, wenn Du die Nummer hast, nicht gleich das Weite suchst, außer es geht nicht anders.

Um eine viel stärkere Bindung zu der Frau aufzubauen, wäre es ideal wenn Du aus der Interaktion mehr als die Nummer herausholst. Wie das geht, zeige ich Dir im nächsten Kapitel. Dort erfährst Du auch was es mit der Logistik der Frau auf sich hat und wie man diese zu seinem Vorteil nutzen kann indem man die Interkation je nach Logistick strukturiert.

7. Kapitel: Das Instant Date und der Logistick-Check

Wenn Du die Strategien in diesem Buch bereits getestet hast wirst Du merken, dass es vor allem am Tag schwer ist ein wirklich langes ernsthaftes Gespräch mit der Frau zu führen. Selbst bei den großen Flirtprofi-Ikonen ist das nicht anders und die berühmten Instant-Dates sind relativ selten (aber möglich).

Am Tag ist die Situation folgende: Frauen haben meistens scheiß viel zutun... Idealerweise Du auch, denn dein Leben sollte sich nicht nur um Frauen drehen. Wenn Du und die Frau allerdings gerade nichts vor haben können diese magischen Instant-Dates und One-Night-Stands passieren.

Der Logistick-Check

Die Logistick der Frau solltest Du schon weit am Anfang herausfinden. Zum einen kannst Du dann die Konversation gut strukturieren. Manchmal hast Du nur wenige Minuten Zeit um ein paar Vibes ins Gespräch zu bringen (damit die Emotionen der Frau zu wecken) und dann zum Nummerntausch über zu gehen, nur weil die Frau an der nächsten Haltestelle aussteigen muss.

Sehr selten haben Frauen am Tag mehr Zeit (außer beim shoppen haha). Frage deshalb einfach schon in den Anfängen des Gespräches was sie gerade (cooles) macht. So bringst Du gleich eine kleine Qualifikation mit ein. Sie wird sich zweimal überlegen ob die Sache die sie gerade vor hat auch cool ist.

Wenn Die Frau mehr Zeit hat kannst Du versuchen mit ihr auf ein kleines Instant-Date zu gehen.

Das Instant-Date

Um die erste Interaktion am besten abzuschließen ist das Instant-Date wohl am geeignetsten. Wenn Du das Gefühl hast, dass ihr beide euch versteht und Du sie einfach klasse findest, kannst Du ein Instant-Date vorschlagen. Wichtig ist das Du nicht danach fragst da jetzt die Leitung eines Alpha-Mannes notwendig ist. Betas fragen, Alphas schlagen vor. Das gilt nicht nur bei der Interkationen sondern auch der mit deinen Freunden, wenn Du in einer größeren sozialen Gruppe bist.

Vermeide also „Würdest Du…?" oder „Wollen wir…?", sondern benutze
„Lass uns dorthin gehen!" oder „Lass uns … machen!"

Du kannst auch ein paar Qualifikationen einbauen und vorher fragen ob die Frau spontan ist (welche Frau will schon nicht für spontan gehalten werden). Selbst wenn die Antwort Nein ist, kannst Du mit deinem Vorschlag fortfahren.

Die besten Aktivitäten für Instant-Dates

Es gibt keine Meister-Rezept-Lösung für die Sachen, die man bei einem Instant-Date anstellen kann. Ein paar Sachen sollte man allerdings beachten…

Ein Instant-Date sollte immer ein niedriges Investment von beiden Parteien fordern. Teure Restaurantbesuche sind eher unnötig, da man ja die andere Person und nicht das Restaurant kennen lernen will. Ein Plausch bei einem Kaffee ist eigentlich die Standard-Aktivität die von beiden nicht viel fordert.

Bei einem Instant-Date willst Du die Frau nicht nur besser kennen lernen, sondern auch ihre Emotionen entfachen. Wie Du das anstellst hast Du ja schon im Kapitel über Vibing gelesen. Emotionen werden aber auch durch spannende Orte ausgelöst. Wenn Du in einer Großstadt wohnst und es da einen öffentlichen, höher gelegenen, Platz gibt, nutze dies um der Frau die tolle Aussicht zu zeigen. Das hier sind natürlich alles nur Ideen und Du kannst sie so kopieren oder sie nur als Inspiration ansehen.

Bei Instant-Dates kann man auch super physisch aktiv werden und da die ersten Berührungen einbauen, wenn Du es nicht schon im Gespräch davor gemacht hast.

8. Kapitel: Take fuckin action!

Du hast es nun an das Ende dieses Buches geschafft, aber hast Du auch schon die Tipps und Tricks in die Tat umgesetzt? Alleine das Lesen dieses Buches wird dir nicht helfen im Umgang mit Frauen besser zu werden, deine Aktionen schon.

Man sagt, dass man ca. 10000 Stunden braucht um eine Fähigkeit vollständig zu meistern. Wenn Du das erste Mal eine Frau auf der Straße ansprichst, erwarte keine Wunder, erwarte Erfahrungen. Erfahrungen, die Dich persönlich weiterbringen, deine Komfortzone erweitern und dein Selbstbewusstsein nähren. Jeder fängt einmal klein an und ich kann mich noch gut an meine ersten Versuche erinnern.

Da Du nur durch Taten wachsen kannst, habe ich hier eine Aufgabe für Dich, die es zu erfüllen gilt, wenn Du besser im Umgang mit Frauen werden willst:

Gehe raus auf die Straße und spreche mindestens 10 Frauen an, die Du attraktiv findest. Es ist egal wie, es ist egal wann und egal wo. Sobald Du die Frau angesprochen hast, hast Du schon gewonnen.

Um dir ein wenig Unterstützung zu sichern, mache es gemeinsam mit einem Freund. Einen Freund der daran interessiert ist, sich selbst und Dich weiterzuentwickeln. Um inneren positiven Druck für dieses Challenge aufzubauen, gib deinem Kumpel 50-100€ und lass sie dir erst wiedergeben wenn Du die Challenge abgeschlossen hast. Finanzieller Druck wirkt bei dem einen mehr, bei dem anderen weniger also lass dir selbst ein paar Bedingungen einfallen, wenn Du Geld nicht als Anreiz siehst.

Ich wünsche Dir auf jeden Fall viel Glück, viel Spaß und viel Durchhaltevermögen auf dem Weg des wahren Mannes...

Schlusswort

Abschließend möchte Ich mich noch einmal von ganzem Herzen bei Dir bedanken.

Mit dem Erwerb dieses Ratgebers hast Du mir gezeigt, dass Du Vertrauen in mich, meine Erfahrungen und meine Arbeit gesetzt haben.

All das Wissen habe ich mir über die Jahre mühsam angeeignet und versuche dieses nun so gut und verständlich wie möglich Dir mit auf den Weg zu geben. Ich hoffe Ich kann Dich damit auf Ihrem Lebensweg unterstützen!

Ich hoffe, dass Du einiges aus diesem, bewusst kurz gehaltenen Ratgeber, der alles knackig auf den Punkt bringen sollte, mitnehmen konntest und mit den Inhalten, Tipps und Trick positive Veränderungen erzielen kannst.

Über ein Feedback Deinerseits, mittels einer Bewertung auf Amazon, würde ich mich sehr freuen und es sehr schätzen!

Wenn dich das Thema Flirten, Dating, Beziehungen und Persönlichkeitsentwicklung mehr interessiert, schau doch mal bei meinem Blog vorbei. (**easy-attraction.de**)

Ich wünsche Dir für deine Zukunft alles erdenklich Gute und hoffe Dich auch weiter auf deinem Weg, mit meinen Erfahrungen und Tipps, unterstützen zu dürfen.

Nicht vergessen: Take fuckin action!,

Daniel

Bonus-kapitel:

Um meine Dankbarkeit noch ein bisschen mehr zum Ausdruck zu bringen möchte ich Dir hier einen kleinen Ausschnitt aus meinem Buch: **Flirten in der Disco** kostenlos schenken. Den Link zum Buch findest Du auch nach diesem Kapitel unter den Büchern des Autors. Viel Spaß!

Kapitel 3: Die Vorbereitung

In diesem Kapitel erfährst Du von mir die wichtigsten Sachen die du vor Beginn des Abends beachten oder machen solltest, denn wie viele Leute sagen: Erfolg ist, wenn die Vorbereitung auf die Gelegenheit trifft.

Der richtige Club:

Als erstes kommen wir zur Wahl der Disco. Wenn du in einer Großstadt wohnst ist das Angebot an Partyschuppen sehr hoch. Es ist deshalb wichtig zu wissen in welchen man am besten gehen sollte um erfolgreich zu flirten und einen spaßigen Abend zu haben.

Meine Empfehlung lautet: Je exklusiver der Club, desto besser. Durch Türsteher wird zum einen die Spreu vom Weizen getrennt, was bedeutet das die ganzen Leute aussortiert werden die zu betrunken sind oder zu plump gekleidet. Beides lässt nicht unbedingt auf Klasse schließen was bedeutet, dass dir lästige Leute vom Leibe gehalten werden.

Auch habe ich gelernt, dass in den exklusiveren Clubs, meistens die besseren Frauen sind, welche es mehr wert sind für Sie auszugehen.

Der Location-Check:

Wenn du weißt welchen Club du besuchen willst ist es wichtig, dass du dir bevor das Getümmel losgeht einen Überblick über den Club verschaffst. Du solltest wissen wo man ungestört flirten kann (Lounges, Sitzmöglichkeiten, Bänke draußen) und wo man seinen Spaßtiger raus lassen kann (Bar, Tanzfläche).

Styling und Hygiene:

Da Frauen und Männer bekanntlich gleichermaßen auf ein gepflegtes äußeres achten will ich dir hier noch ein paar Tipps geben wie du auf einer Disco erscheinen solltest und was dir das Leben leichter macht.

Es versteht sich denke Ich von selbst, dass man nicht ungewaschen auf ein so ohnehin schon schweißtreibendes Event geht. Putz dich fein raus, zieh die Sachen an in denen du dich am wohlsten fühlst. Das gibt dir nochmal einen kleinen Rückhalt in deinem Selbstbewusstsein, denn du weißt: „Ich sehe heute Abend TOP aus!"
Ein großes Thema ist auch immer der Mundgeruch. Vielleicht geht es nur mir so aber immer wenn ich im Club bin kommt mir ein Typ entgegen der eine Fahne aus Alkohol und Knoblauch zusammen hat. Am besten du vermeidest solche Peinlichkeiten indem du immer Kaugummis oder sonstiges dabei hast.
In Sachen Styling will ich dir noch eine Methode mit auf den Weg geben die ich von den Profis sehr gut kenne. Sie nennt sich Peacocking. Übersetzt bezeichnet es das balzen eines Pfaus. Pfauen versuchen die Aufmerksamkeit der Weibchen auf sich zu ziehen indem Sie ihre prächtigen Federn präsentieren. Da wir Menschen bekanntlich keine Federn haben müssen wir beim Peacocking zu anderen Mitteln greifen. Um Aufmerksamkeit zu generieren werden nützliche Accessoires oder schrille Outfits verwendet. Dies können zum Beispiel ein Cowboyhut oder ein Anzug sein.

Der bekannte amerikanische Verführungskünstler „Mystery" gilt als Urvater der Methode. Sein übliches Outfit bestand aus einer Federboa, also einem Schal mit Feder und einer Jacke die mit glänzenden Steinen vollgeklebt war. Er hatte sogar meistens Cowboystiefel an und die Hose war aus speziellem Tierleder. Zum Schluss rundete er es mit einem protzigen Gürtel ab. So seltsam das auch klingt und ausgesehen haben mag, sein Erfolg ist nicht zu bestreiten. Allerdings will Ich an dieser Stelle noch anmerken das diese Methode nicht in allen Ländern oder Kulturkreisen so gut funktioniert wie im verrückten Amerika. Außerdem ist Mystery einer der Wenigen die diese Methode benutzen weshalb ein legerer Kleidungsstil vollkommen ok ist. Im Gespräch kommt es sowieso nur auf deinen Charakter an, welches beim Flirten essenziell ist.

Wingman und Social Proof:

Den Begriff Wingman kennst du sicherlich schon aus der bekannten Serie „How I met your mother". Ein Wingman ist ein Kumpel der dich bei deinem Ziel, Spaß zu haben, so gut es geht unterstützt. Die Rolle eines Wingman sollte immer sehr selbstlos gespielt werden da sein Job nur ist, dich in die Arme einer süßen Blondine (Optional auch Brünett, Schwarz, oder Rot) zu treiben. Wie man den Wingman am besten einsetzt erzähle ich aber in einem anderen Kapitel. Natürlich muss man keinen Wingman haben. Allerdings macht es meistens mehr Spaß und man kann sich für den Dienst gerne mal bei seinem Kumpel revanchieren.

Ein anderes Thema steht bei der Vorbereitung noch aus, obwohl es fast schon nicht mehr zur Vorbereitung gehört. Social Proof bedeutet grob die soziale Akzeptanz von so vielen Leuten wie möglich. Er spiegelt deinen sozialen Status wieder. Ein hoher Social Proof eröffnet dir nicht nur mehr Möglichkeiten der Interaktion in einem Club (welche zu mehr Spaß führen), sondern er bringt dich noch mehr ins Rampenlicht aller Frauen auf der Party. Um wen sich die Masse scharrt, auf den wird gestarrt. Ja, diesen Reim habe ich gerade beim schreiben Selbst erfunden. Er stimmt auch noch: Je mehr Interaktionen du auf der Feier mit den Menschen hast, desto mehr Aufmerksamkeit bekommst du. Sei einfach so offen, so gesprächig und so lustig wie möglich. Diese ganzen Interaktionen sollten allerdings positiver Art sein, da Schlägereien bei niemandem gut ankommen, außer vielleicht bei deinem Kopf.

Jetzt erkläre ich dir wie du Social Proof generieren kannst. Eine gute Ausgangsposition ist es immer wenn du viele Leute im Club kennst. Spreche mit ihnen, begrüße sie! Betrachte dich in jedem Gespräch wie der Gastgeber: Du sorgst dafür das alle Leute Spaß haben. Wenn du niemanden kennst, sprich mit Leuten die du noch nicht kennst und lerne sie kennen. Auf neue Bekanntschaften kann man den ganzen Abend zurückgreifen und vielleicht schon so neue Frauen kennen lernen.

Ein cleverer Move ist es auch den DJ zu begrüßen. Selbst wenn du ihn selbst nicht kennst kannst du mal bei ihm vorbeischauen und ihm sagen, dass er gute Musik spielt. Er wird sofort auf deiner Seite sein! Ehrliche Komplimente sind der Schlüssel zu den Herzen der Menschen. Selbst mit den Leuten hinter der Bar kann man kommunizieren! Eine gute Art um Social Proof zu generieren ist es auch auf der Tanzfläche so richtig abzugehen und möglichst viele Leute in seinen „Tanzkreis" zu holen. Klatsch mit so vielen Leuten wie möglich ab und hab einfach Spaß!

Wenn du diese ganzen Sachen vor dem „Hauptspiel", dem flirten beachtest, befindest du dich in einer sehr vorteilhaften Ausgangslage und bist allemal bereit den Abend unvergesslich zu machen!

Weitere Bücher des Autors:

Flirten in der Disco: Entdecke die geheimen Strategien der Meisterverführer und erlebe den besten Abend deines Lebens

Alpha-Mann: Wie du deine verführerische, männliche Kraft entfesselst

Selbstbewusstsein: Befreien Sie sich von Ihren inneren Ketten und erlangen Sie grenzenlose Freiheit

Easy-Attraction
>Meistere die ultimative Kunst der natürlich einfachen Verführung<
(by Daniel Karnatz)

Hey Bro, Daniel hier. Ich hoffe Dir hat dieses kleine Buch gefallen und es konnte Dir wirklich weiterhelfen. Da ich in meiner Vergangenheit nie ein Vorbild oder einen Mentor in Sachen Frauen, Flirten und Persönlichkeit hatte, weiß ich, in welcher Situation Du dich jetzt wahrscheinlich befindest.

Meine Vision ist es, dass eines Tages alle Männer dieser Welt mit einer Frau an ihrer Seite im Bett aufwachen und gerade die beste Nacht ihres Lebens gehabt haben. Alle Menschen, Frauen wie Männer wären so glücklich, dass es keine ernst zu nehmenden Konflikte mehr gäbe. Es ist unglaublich was die Macht der Nähe und Liebe alles bewirken kann. Sex ist die schönste Sache der Welt. Jeder hat es und jeder liebt es.

Mit meiner Marke und mit meinen Methoden will ich deshalb so vielen Männern wie möglich helfen, echte Profis im sozialen Umgang und natürlich im Umgang mit Frauen zu werden.

Meine Geschichte

In der Schulzeit war ich, wie viele Jungs die ich kennen lernen durfte, eher schüchtern und zurückhaltend. Mein Alltag war von Sozialen Ängsten und dem Rückzug in die Spielwelt eines Computers geprägt. Ich fühlte mich unwohl in meinem Schlaksigen Körper und mein Freundeskreis war nicht sehr groß. Mit den Mädels hatte ich nie viel zu tun und meine Ängste ihnen gegenüber machte die Sache nicht viel einfacher. Dass es so nicht weitergehen konnte war mir schnell bewusst.

Ich fing an mich wie ein wilder mich mit meinen Ängsten auseinanderzusetzen. Ich las Bücher über das Flirten und allgemeine Spiritualität und Persönlichkeitsentwicklung. Ich verbesserte meine sozialen Fähigkeiten und wurde über die Jahre immer angesehener. Mein Freundeskreis erweiterte sich, wurde qualitativ hochwertiger und ich wurde sehr selbstbewusst wenn es um das andere Geschlecht geht. Diese Entwicklungen waren sehr langwierig und ich musste einige Rückschläge einstecken weil ich niemanden hatte der es mir richtig beibrachte.

Jetzt ist deine Zeit, deine Chance!:
Ich weiß in welcher Situation man ist wenn man nicht die Kontrolle über sich oder sein Umfeld hat, wenn man sich von den Meinungen anderer abhängig macht. Um diese Situation zu vermeiden und den Ausweg zu finden, möchte ich so vielen Menschen wie möglich helfen ihre Ängste loszuwerden.

Dieses Buch deckt schon einmal einen kleinen Teil dessen ab, was ich Dir beibringen will. Jeder Mann hat aber auch seine ganz eigenen Stärken und Schwächen. Diese kann ich nur in meinen persönlichen Coachings herausfinden und gezielt bearbeiten. Die meisten Menschen lernen sogar besser, wenn sie live jemanden an ihrer Seite haben. Aus diesem Grund habe ich verschiedene Coaching-Varianten zusammen gestellt, die alle das Ziel haben dich im Umgang mit Frauen und im sozialen Umfeld zu stärken. Wenn Du eine persönliche Betreuung bevorzugst, ist jetzt deine Chance gekommen diese zu erhalten.

Hier ein kurzer Überblick über meine Angebote:

Erstgespräch – 1/2h:

Inhalt: Vorstellen, Ziele besprechen, Stärken-/Schwächenanalyse, erste Lösungsansätze

Preis: Kostenlos für Buchkäufer oder 10€

Daygame Coaching - 2h:

Inhalt: soziale Ängste loswerden (Komfort-Challenges), Ansprechen von attraktiven Frauen, Gespräch aufbauen, Nummer holen, Date ausmachen

Preis: 25€

Nightgame Coaching - 3h

Inhalt: soziale Dynamiken analysieren, Ansprechen, Vertrauen aufbauen, Kino, Kiss-Close, Pull (Frau mit nach Hause nehmen)

Preis: 50€

Interesse? Fragen? Hier ist der Kontakt:

Wenn Du jetzt schon von deinem inneren Feuer gepackt wurdest, melde dich doch gleich bei mir. Du erreichst mich unter folgenden Daten:

E-Mail: **karnatzdaniel@gmail.com**
Mobil: +4915228620498
Blog: **Easy-Attraction.de**

Wichtiger Hinweis:
Vor allem die persönlichen Lifecoachings sind auf meine ständige Anwesenheit angewiesen. Wenn dies, wegen meiner lokalen Abwesenheit nicht möglich ist, kostet das Coaching nur die Hälfte des Preises, wird aber dafür per Skype, vor Deiner eigenen Flirt-Session stattfinden. Ich werde Dich in dem Skypecall so gut es geht vorbereiten. Damit Du maximale Ergebnisse erzielen, und sie sogar selbst auswerten kannst, werde ich mir Dir alle Situationen durchgehen und Dir konkrete Aufgaben und Handlungsanweisungen geben.

Ich freue mich auf Dein reges Interesse für Optimierung deiner Persönlichkeit und deiner Skills im Umgang mit anderen Menschen und vor allem Frauen.

See you Mate,

Daniel (CEO und Coach bei Easy-Attraction)

Rechtliches und Impressum:

Ich bin stets bemüht, alle Informationen und Angaben in diesem Buch korrekt und auf dem neusten Stand zu halten. Leider ist es trotzdem nie vollkommen ausgeschlossen, dass Fehler und Unklarheiten entstehen. Aus diesem Grund übernehme Ich keine Gewähr für Aktualität, Richtigkeit, Qualität und Vollständigkeit dieses Werkes. Für Schäden die durch die (Nicht-) Nutzung dieser Informationen, sowohl mittel- als auch unmittelbar entstehen, hafte Ich nicht. Für Hinweise auf Fehler und Unklarheiten wäre Ich Ihnen sehr dankbar!

Zum Autor:
Daniel Karnatz
Tiefer Weg 22
01689 Weinböhla
karnatzdaniel@gmail.com